中学生用食育教材　コンセプトマップ

Ⅱ 自らの「食生活」を営む

Ⅲ 体を守る・強くする

JN118875

Ⅰ 体を作る・動かす

Ⅳ 食を通じて他者と関わり，よりよい社会をつくる

教材 1

私たちは，化学反応の連続で生きている！

私たちは，呼吸をしないと生きていけません。生きるために必要な酸素を得ているからです。この他，成長するためには，栄養素が欠かせません。

栄養素とは，生きるために必要な栄養成分をいいます。

それでは，成長に欠かすことができない栄養素には，どのようなものがあったでしょうか。

✐ あなたの知っている栄養素を挙げてみましょう。

私たちの体には，酸素や栄養素，水を使って化学反応をする仕組みがあります。化学反応とは，もとの物質とは性質の異なる別の物質ができる変化のことです。

例えば，でんぷんはヨウ素液を垂らすと青紫色（あおむらさき）に反応しますが，唾液（だえき）をかけるとヨウ素でんぷん反応が起こらなくなるという実験をしましたね。このとき，でんぷんは唾液（だえき）と化学反応し，ブドウ糖になっています。

主な化学反応を1つの図にしたものを「代謝マップ※」といいます。このようにたくさんの化学反応が全てつながることで，私たちは，「生命維持（いじ）」や「運動」，そして「成長」しています。

皆（みな）さんが，理科で学習したブドウ糖（★）もあります。

※代謝とは，生命維持（いじ）のための化学反応のことです。

代謝マップ

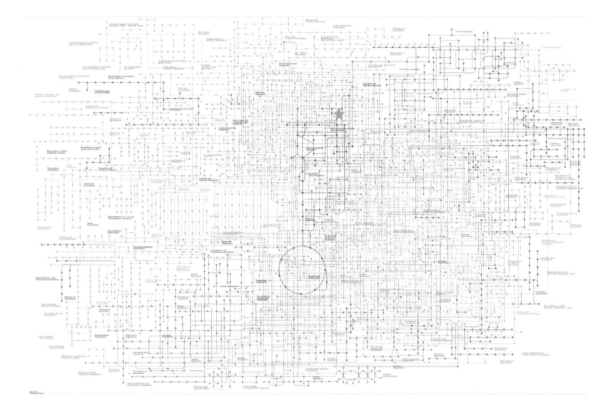

(出典：KEGG「Metabolic pathways」https://www.genome.jp/kegg-bin/show_pathway?map01100)

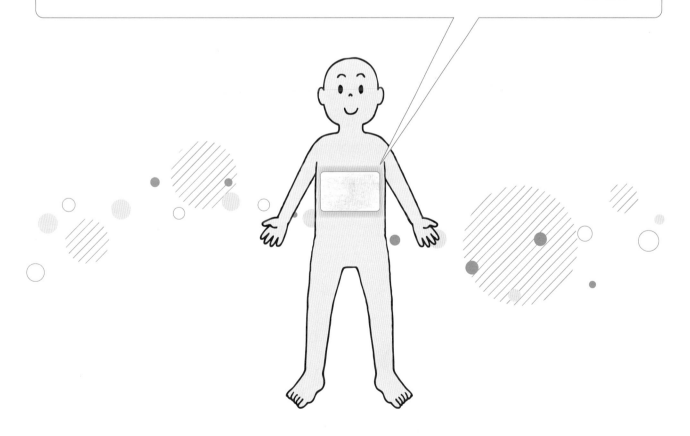

体内の化学反応には，以下のようなルールがあります。

1．化学反応をするために必要な材料（酸素や水，栄養素）がそろっているときには，必要なものを必要なだけ作ります。

　　例えば，炭水化物とビタミンB群が必要な量あると，必要な分のエネルギーを作りだすことができます。

2．化学反応するための材料が多すぎるときには，余った材料はそのまま体外に排泄^{はいせつ}されたり，別の物質に加工されて貯蔵・排泄^{はいせつ}されたりします。材料が多くても必要以上に作られるわけではありません。

　　例えば，体内に炭水化物とビタミンB群が必要な量の2倍あったとしても，「生命維持^{いじ}」や「運動」そして「成長」に必要なエネルギーしか作りません。余った炭水化物は脂肪^{しぼう}に，ビタミンB群は尿中^{にょうちゅう}に排泄^{はいせつ}されます。

3．材料が不足しているときには，最低限の化学反応だけが起こり，不足分を節約したり，他の物質を加工して補充^{ほじゅう}したりします。

　　例えば，体内のエネルギーは，エネルギー源となる炭水化物が必要量あっても，ビタミンB群が少ない場合には，その量に応じた炭水化物しか化学反応せず，その分だけのエネルギーが作られることになります。それにより，使われなかった炭水化物は脂肪^{しぼう}に作り変えられ，貯蔵されます。このように，炭水化物の食べる量は適切であるにもかかわらず，ビタミンB群の摂取^{せっしゅ}が少ないことにより，太る可能性があります。

　　このほか，体は必要な量のエネルギーを作ることができなかったため，思うように動けなかったり，体温を下げるなどしてエネルギーを節約したりします。

　私たちの体は，事前に決めた化学反応だけを行っているのではなく，状況に合わせて化学反応を行っています。私たちの体は、生きるために最低限必要な化学反応だけをしているわけではありません（❶）。心身の変化や状況等に応じて生じる化学反応もあります（❷❸）。

❶

生きるために最低限必要な化学反応には，心臓を動かしたり，呼吸をしたりなどの生命維持のためのものと，細胞の新陳代謝（古くなった細胞が新しく作り変えられること）があります。

❷

また，運動したり，喜んだり悲しんだり，心身の状況・状態，環境の変化に伴って，その分の化学反応も行われます。

❸

さらに，体の発育に関係する化学反応が加わります。

　このため，私たちは，自分が置かれた状況等に応じて，❶〜❸の化学反応が十分に行われるように食べなくてはいけません。
　また，栄養素には，体にたくさん蓄えることができないものもあるので，定期的に食べて補うことが必要です。（教材4参考）
　必要な栄養素（種類）を必要な分（量）だけ摂取するため，「バランスよく食べる」ことが求められます。

教材 2 化学反応に必要な材料 ～栄養素～

私たちは，体内の化学反応に必要な栄養素を食品から得ています。

　食品は，栄養素の集合体です。右表からも分かるように，食品には，多くの栄養素が含まれています。

　食品には，生きるために必要な物質である「栄養素」以外の物質も含まれます。例えば，アルコールやカフェインなどです。

　では，食べた食品は，どのように体内に取り込まれていくのでしょうか？

　体内の消化・吸収を担う器官を消化管と呼びます。
　消化管は，図にあるように，口から始まって肛門で終わります。
　消化管は体の中にありますが，食品が消化管にある段階では，まだ体内に必要な栄養素は取り込まれていません。消化管は，取り込まれてきた食品を筋肉の運動によって粉々にしたり，消化液をかけたりして分解し，体内に栄養素として吸収できるようにしていきます。そして，主に小腸の表面（粘膜）から，小さな物質になった栄養素を吸収します。吸収されなかった栄養素（使わなかった栄養素）は，肛門から便として排泄します。

栄養素（例）		こめ［水稲めし］精白米 うるち米	普通牛乳	キャベツ・生
		食品名		
重量	(g)	100	100	100
たんぱく質	(g)	2.5	3.3	1.3
脂質	(g)	0.3	3.8	0.2
炭水化物	(g)	37.1	4.8	5.2
ナトリウム	(mg)	1	41	5
カリウム	(mg)	29	150	200
カルシウム	(mg)	3	110	43
マグネシウム	(mg)	7	10	14
リン	(mg)	34	93	27
鉄	(mg)	0.1	0.02	0.3
亜鉛	(mg)	0.6	0.4	0.2
銅	(mg)	0.1	0.01	0.02
β－カロテン	(μg)	0	6	49
ビタミンA（レチノール活性当量）	(μg)	0	38	4
ビタミンD	(μg)	0	0.3	0
ビタミンE	(mg)	0	0.1	0.1
ビタミンK	(μg)	0	2	78
ビタミンB1	(mg)	0.02	0.04	0.04
ビタミンB2	(mg)	0.01	0.15	0.03
ナイアシン	(mg)	0.2	0.1	0.2
ビタミンB6	(mg)	0.02	0.03	0.11
ビタミンB12	(μg)	0	0.3	0
葉酸	(μg)	3	5	78
パントテン酸	(mg)	0.25	0.55	0.22
ビタミンC	(mg)	0	1	41

（出典：文部科学省「日本食品標準成分表 2020 年版（八訂）」）

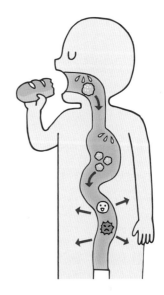

吸収された栄養素は，例えば，以下のような役割を果たします。

> **炭水化物：** 炭水化物には，糖質と食物繊維があります。糖質はエネルギー源として使われます。食物繊維は消化・吸収されませんが，腸の調子を整え便通を良くします。脳，脂肪組織，筋肉，肝臓などの組織では，常に糖質の代謝（糖質を分解してエネルギーを取り出すはたらき）が行われており，糖質は生命維持のために欠かせない栄養素です。
>
> **たんぱく質：** 筋肉，臓器，血液，皮膚，毛髪など，体を作るもとになります。また，エネルギー源としても利用されます。体内では常にたんぱく質の代謝をくり返しています。
>
> **脂　　質：** エネルギー源として使われます。また，細胞膜の成分となるなど体の組織を作ります。過剰なエネルギーは中性脂肪となって，貯蔵脂肪として皮下，腹腔，筋肉間結合組織などに蓄積します。
>
> **ビタミン：** 他の栄養素の働きを助け，健康を維持するなど，主に体の調子を整えます。
>
> **ミネラル：** 主に骨や歯，血液を作るもとになります。ミネラルは各組織で利用され，尿中に排泄されたり，再利用されたりします。

食品は，含まれている栄養素の特徴などにより，「食品群」に分類されます。

消化管の機能が低下した場合には，栄養素を十分に吸収することができなくなります。どのようなときに消化管の機能が低下するか書いてみましょう。

教材

3 エネルギー不足に注意しましょう

 体内のエネルギーが不足したらどうなるのか書いてみましょう。

私たちは，体内における化学反応によって，生きるための主な原動力であるエネルギーを得ています。

　エネルギーは，体や心を動かすために必要です。

　エネルギーを作る化学反応には，炭水化物と脂質，ビタミンが必要です。炭水化物と脂質がエネルギー源として利用され，化学反応をするときにビタミンが利用されます。また，炭水化物が不足しているときには，たんぱく質もエネルギー源として使われます。これにより、体の筋肉量が減って、体が疲れやすくなったりします。(具体的な例は，教材8参照)

　また，体内のエネルギーは，他から借りることができず，エネルギーが不足しているときは節約するしかありません。

　このため，エネルギーが不足すると，体のいろいろな所でエネルギーの節約を始めます。これにより，必要な化学反応が行われなくなり，毎日その節約が続くと，次のような影響が体や心に出てきます。

○体や心に出てくる影響

免疫，消化器系，心臓・血管の機能が低下します。

女性は，無月経になったり，初経の時期が遅れたりします。

代謝が落ちたり，貧血になったり，骨密度が低下したり，ホルモンの分泌が乱れたりします。

発育期においては，成長や発育に影響がでます。(教材7参照)

精神的に不安定になります。

　私たちは，エネルギーなしに生きていけません。成長期の発育や健康の維持(いじ)のためには，十分なエネルギーが作られるよう必要な栄養素を摂取(せっしゅ)することが重要です。これにより，体はそのエネルギーを使って，生命維持(いじ)等に必要な化学反応を起こすことができます。

コラム　サプリメントの活用について（教材9参照）

　サプリメントは，食事だけでは必要な量の栄養素を摂取(せっしゅ)できないときに，足りない分を補う目的で利用します。栄養素とは，生きるために必要な栄養成分をいいます（教材1，2参照）。

　アスリートのように運動量の多い場合には，食べることで補いきれないことがあるため，サプリメントを利用して補うことがあります。また，胃腸が弱っていて消化や吸収の機能が低下しているときなどに利用することもあります。

　最近では，アスリートだけではなく，一般の人にも身近になったサプリメントですが，たくさん摂取(せっしゅ)すれば，体に良い効果があるわけではありません。必要以上に摂取(せっしゅ)した場合は，過剰摂取(かじょうせっしゅ)が問題になることもあります。必要量以上の栄養素が入ってきたときには，使わなかった栄養素を別の物質に加工したり，排泄(はいせつ)したりしなくてはならないため，肝臓(かんぞう)などの臓器に負担がかかります。（教材1参照）

　特に成長期に当たる小・中・高校生は，運動量が多い状態であったとしても，サプリメントの利用を控(ひか)えることが望まれます。その理由としては，サプリメントを利用しなくては動くことができないような運動量が，発育・発達に支障（オーバーユース症候群(しょうこうぐん)[※]，貧血，やせ，疲労(ひろう)骨折など）をきたすからです。つまり，サプリメントには頼(たよ)らず，食事と補食からエネルギーや栄養素を必要量摂取(せっしゅ)することのできる運動量にとどめる必要があります。

　サプリメントを利用する際には，食事からの栄養素の摂取(せっしゅ)量を把握(はあく)した上で，足りなかった栄養素の種類と補う量を決めることが必要です。中学生の皆(みな)さんがサプリメントの利用を考えたときには，自己判断はせずに，食育・栄養の専門家である栄養教諭(きょうゆ)の先生などにアドバイスを求めるとよいでしょう。

※オーバーユース症候群(しょうこうぐん)とは，使いすぎ症候群(しょうこうぐん)ともいわれ，繰り返し同じ動作をすることにより，筋肉，関節，腱(けん)などに継続的に負担がかかり，炎症(えんしょう)などが起こることをいいます。

教材
4

1日に何を食べればいいの？

私たちは，生命を維持し，生活・活動するために必要なエネルギーや栄養素を「食事」として摂取しています。

　なぜ，人は毎日バランスよく食べなければならないのでしょうか。それは，体の中で十分な化学反応をさせるためです（教材1参照）。それでは，中学生は1日に何をどのくらい食べたらよいでしょうか。

イラスト① 中学生が1日に必要なエネルギーや栄養素をとるための食品例
（中学生の場合）

ご飯大1杯　うどん　油 12.3g　えのき 5g　パン粉 6g　人参 36g　葱 6g　豆腐 40g　パセリ 0.5g　小松菜 15g　バター 1.2g

砂糖 4.2g　かまぼこ 6.5g　こんにゃく 15g　じゃが芋 50g　卵 49g　小麦粉 6g　ほうれん草 1.3g

豚肉 105g　コッペパン大1個　大根 13g　ししゃも 60g　玉ねぎ 155g　もやし 20g　果物（みかん1個）60g　ヨーグルト 70g　キャベツ 62g

乾燥しいたけ 1.2g　かつお節 2g　うずら卵 18g　乾燥きくらげ 0.5g　わかめ 6.5g　生揚げ 18g　チンゲン菜 10g

大豆 12g　しめじ 8g　まいたけ 13g　きゅうり 26g　とうもろこし 6.5g　鶏肉 13g　かぼちゃ 45g　さやいんげん 5g　油揚げ 15g　牛乳

✏️あなたは，イラスト①の食品を1日の中でどのように食べますか？自由に記入してみましょう。
🖍（例：朝食・昼食・夕食などの料理と食品）

時間				
料理				
食品				

中学生の時期は，一生にわたる体の基礎_{きそ}を作るためにも，必要な食品を
とることが重要です。しかし，これらの食品を１食でまとめて食べるこ
とは難しいことから，１日３食で食べることが適切です。

３食のそれぞれの食事で，主食，主菜，副菜，牛乳・乳製品，果物を組
み合わせると，必要なエネルギーや栄養素がとりやすくなります。学校給
食の献立_{こんだて}も，一般的には，主食＋主菜＋副菜＋副菜（汁物）＋牛乳＋（果
物）を組み合わせて作られており，１食の望ましい食事の見本となってい
ます。献立_{こんだて}によっては，カレーライスは主食・主菜・副菜を，クリームシ
チューは主菜・副菜・牛乳・乳製品を兼_かねています。つまり，食事の中で，
主食，主菜，副菜，牛乳・乳製品，果物が入っていることが重要です。

〈給食の献立_{こんだて}例〉

主菜　副菜　牛乳・乳製品

主食　副菜（汁物）

🖊 イラスト②を参考に，主食，主菜，副菜，牛乳・乳製品，果物の組み合わせを考えて，下の表に，
イラスト①の食品を，１日にどのように食べるか，料理と食品を書いてみましょう。学校給食の献
立_{だて}や家庭科の学習を参考にしましょう。（例：朝食・昼食・夕食などの料理と食品）

時間				
料理				
食品				

教材

5 朝食の効果を知ろう!

朝食を食べることによる効果は，5つあります。

① 体温や脈拍の上昇効果

　睡眠時は，起床時よりも体温が低く保たれ，脈拍も減少します。体が活動のための準備を整えるには，まずは，体温や脈拍を起床時の安静の状態（仰向けに寝た状態，あるいは座位で安静にしている状態）まで上昇させることが必要です。私たちの体は，口の中に物が入ってくると消化器官が動き出します。朝食をとるという行為により，消化器官，すなわち筋肉でできている食道や胃，腸などが運動を開始し，その運動によって得られた熱が体温の上昇を助け，脳をはじめ体中が活動を行うための準備を整えます。

② エネルギー源の補給

　私たちの体は，寝ている間もエネルギーを使っています。睡眠中のエネルギー消費量は，基礎代謝量（生命維持のために最低限必要なエネルギー）程度といわれています。例えば，15歳男性，体重60kgの標準的な体型の人の場合，おおよそ睡眠1時間当たり60kcal，8時間の睡眠では480kcalのエネルギーを消費しています。つまり起床時は，エネルギーや，エネルギーを作るために必要な栄養素が少ない状況といえます。このため，朝食で午前中に使うエネルギーや栄養素を補充しなくてはなりません。

③ 便秘の予防

　胃の中に食べ物が入ってくると大腸が蠕動運動（腸の筋肉が波のように収縮を起こして腸内のものを移動させる運動）を起こし，排便を促します。朝食をとることにより，排便のリズムが作られることから，朝食を抜く習慣があると便秘の原因となることがあります。

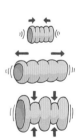

④ 体温維持の効果

　1日の体温リズムは，図のように朝食をとった後から顕著に上昇を始め，昼間に最高値となります。朝食をとることにより，午前中，体温が上昇した状態を維持することができます。朝食を欠食した場合，通学の歩行などによる筋運動から得られる熱で一時的に体温は上昇しますが，体温を維持するエネルギーや

栄養素が不足しているため体温を維持できません。体のリズムを崩さないという理由だけではなく，午前中の時間にやりたいことを充実して行うためにも，朝食をしっかりバランスよく食べることが重要です。

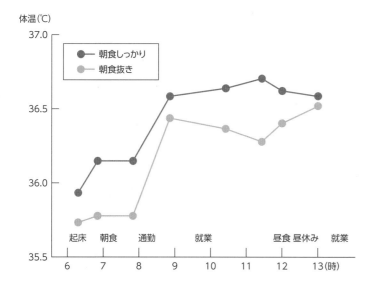

図　朝食を食べる習慣の有無による
体温上昇の違い
（出典:鈴木正成「ジュニアのためのスポーツ栄養学」）

⑤ 良質な睡眠のため

「その日の夜の眠りは朝に決まる」といっても過言ではありません。つまり，朝ご飯を制する者は，質の良い睡眠を制するともいえます。バランスの良い食事を朝からしっかりととることが睡眠にとっても重要です。

その理由は，食事から得られるたんぱく質にあります。たんぱく質は 20 種類のアミノ酸が結合してできています。これらのアミノ酸の中には，体内で作ることができない，あるいは，作られても少量のため必ず摂取しなくてはいけない不可欠アミノ酸（必須アミノ酸）があります。不可欠アミノ酸の 1 つであるトリプトファンを材料に脳内でセロトニンが作られます。セロトニンは，感情を安定させる作用があり，朝食を食べることで日中を安定して過ごすことができます。また，夜になると，日中に作られたセロトニンの量に従って，眠りを促すメラトニンという物質が作られます。朝ご飯をバランスよく食べて，トリプトファンを十分に摂取できると，日中は穏やかに過ごすことができ，夜も眠くなり睡眠の質が確保されることになります。**夜の質の良い眠りは，朝ご飯によって作られます。**

明日からの朝食について改善したいことを考えてみましょう。

教材

6 誰にとっても重要！水分補給

体のおおよそ60%が水分です。

なぜ，それほどの水が必要なのでしょうか。水には，主に次の３つの役割があるからです。

①**溶解作用**：水には，物質を溶かす作用があります。私たちの体内で起こっている化学反応は，栄養素が水に溶けた状態で進められることから，溶かす水がなくなった場合，化学反応が起こらなくなってしまいます。

②**運搬作用**：水は物質を溶かし，細胞に必要な栄養素を届けたり，不要な物質を受け取り排泄したりします。

③**体温調節**：寒いときには，温めた水が体内をめぐることにより急激な体温低下を防ぎます。また，暑いときには，汗をかくことで皮膚表面を濡らし，濡れた表面に風が当たったり，皮膚の下の血液を冷やしたりすることで，体温を低下させます。

　体内の水には，左記の３つの役割があるため，体温調節だけに水が使われると，溶解作用と運搬作用は
スムーズに仕事ができなくなってしまいます。

　そのため，体内の水分量が少なくなると，口渇感（のどが渇いたというお知らせ）を起こして飲水を促
します。

　また，体内の水分量が少なくなり，溶解作用と運搬作用の機能が低下すると（脱水が体重の３％以上），
動いたり，考えたりできなくなる等の症状を起こすとともに，体温が上昇します。体内の水分量が減少
すると脱水を起こし，脱水がすすむことにより熱中症になります。

【体に現れる主な脱水症状】

黄色信号： のどが渇く。

赤 信 号： 強い渇き，めまい，吐き気，ぼんやりする，重苦しい，食欲減退，汗
　　　　　　が出なくなってきたり，頭が痛くなったり，イライラしたりする。体
　　　　　　内の水分量が減少すると脱水を起こし，脱水が進むことにより熱中症
　　　　　　になります。

　水分は，食事や飲み物から補給することができます。

　水分補給のポイントはのどが渇かないように定期的に水分を補給することです。

　長時間の運動時や，大量の発汗があるときには，体内から水分とともにナトリウムなどの電解質も失われ
るため，スポーツドリンクを飲みましょう。

　体内の水分状況は尿でも確認できます。体内の水が足りなくなると，尿の量を少なくすることで，対応
します。不要な物質を少量の尿で排泄することになるので，物質の濃度は濃くなり，尿の色も濃くなります。
濃い少量の尿が排泄されるときには，体内の水分が足りなくなっている可能性が高いです。

自分で作るスポーツドリンク

材 料

● 水１L　　● 食塩１〜２g

● 砂糖 40 〜 80 g
　　飲料の濃度は，食塩 0.1 〜 0.2％，砂糖 4 〜 8％

風味付けにレモン汁などを加えると飲みやすくなります。
また，麦茶に食塩と砂糖を加えればスポーツドリンクになります。

自分の尿の色を下記の尿指標に当てはめ，適切な量の水を補給しましょう。

尿の色と脱水は関係しています。

尿の色が濃いほど脱水の状態が進んでいることが疑われます。

尿の色が薄く多量に出るようであれば，体内水分貯蔵量が十分であると言えます。

熱中症予防には，運動前に体内水分貯蔵量を十分な状態にしておくことが重要です。

■男子用小便器
　→便器を流れ落ちる尿の色

■個室トイレ
　→便器に溜まった尿の色

尿の色　　　　　　　　　　　　水分補給推奨量

脱水リスク：危険
体重の約 2% の脱水

体重の 2% 程度の水分補給をしましょう。

脱水リスク：警戒
体重の約 1.5% の脱水

体重の 1.5% 程度の水分補給をしましょう。

脱水リスク：注意
体重の約 1% の脱水

体重の 1% 程度の水分補給をしましょう。

脱水リスク：低い
尿量が少ないときにはコップ 1 杯程度の水分をとりましょう。

脱水リスク：なし
こまめな水分補給を続けましょう。

 体内の水分が不足しないようにするためには，どんなことに気を付ければよいでしょうか。

 水分補給を行うときに，どんなことに気を付ければよいでしょう。

Check!

子供でも，大人でも，高齢者でも，アスリートでも，動いてない人でも，夏でも，冬でも，春でも，秋でも，**体内の水分が少なくなれば，いつでも誰でもどこでも熱中症になります！**

教材

7 自分にとって適切な食事量は？

❶誰一人として同じ体をしている人は，いません。

同じ中学生でも，一人一人の活動量や体格，消化・吸収の状況などは異なります。これにより，必要な食事量も違います。そこで，自分にとって適切な食事量を知ることが重要です。そのために，まず，自分の成長がどのような時期にあるのか確認してみましょう。

発育のピークを迎える時期には個人差があります。

🖊 小学生からの自分の身長と体重を書き入れて，その変化を見てみましょう。

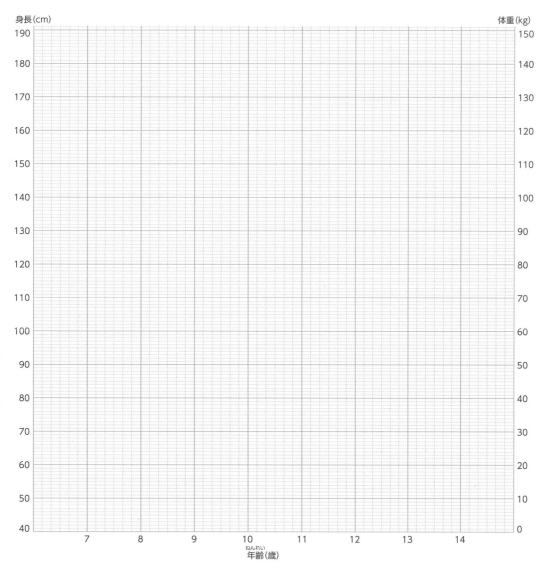

❷自分の成長がどのように変化してきたか気付いたことを記入してみましょう。

下のグラフは，2名の身長・体重の変化を表したものです。身長に関して，成長の時期を①から③の3つに分けることができます。

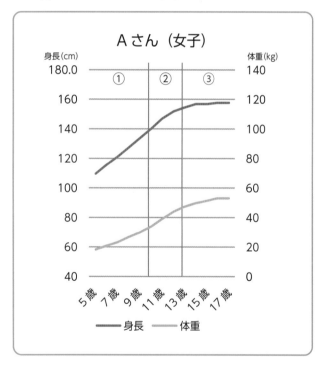

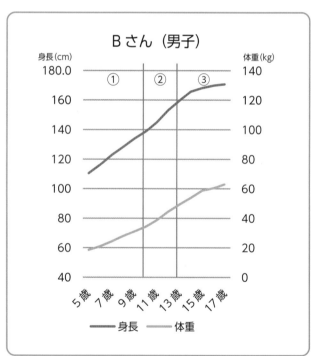

①成長している時期であり，少しずつ身長が伸びています。

②発育のピーク時であり，身長が急激に伸びています。

③発育の終わりに近づいている時期であり，身長の伸びが緩やかになり止まっていきます。

✐❸表の自分の変化を①②③で分けてみましょう。現在の自分は①②③のどの時期にありましたか。
✐　これからの自分の成長を予想して記入してみましょう。

記入した表を見てみると，身長が現在も伸びている人や，ある時期からあまり伸びていない人など様々
です。また，身長が伸びている時期は，同時に体重も増えます。身長が伸びているのに体重が増えていない場合，食事量が足りていなかったり，運動量が多すぎたりすることが考えられます。

Check!　　適正量を食べているか評価する方法として，エネルギー（教材1参照）であれば，例えば，毎朝，排尿後に体重を測定する，その他の栄養素（教材2参照）であれば，日々の体調や健康診断の結果などから判断することができます。

✐❹現在の自分の食事量を振り返り，必要な改善点を考えてみましょう。

このように，**自分の体の状況に応じて適切な食事量を考えることは，生涯を通じて重要です。**

（→教材10 健康でいるために）

教材
8
ライフスタイルに合わせた 食事のとり方

中学生の時期は，部活動で運動量が増えたり，受験勉強で学習時間が増えたりするなど，ライフスタイルや目的によって適切な食事量が異なる場合があります。

ライフスタイルや目的によって，どのように食事をすればよいでしょうか？

下記は中学生の事例です。Aさん〜Cさんは，どのような栄養状態になっているのでしょうか？また，どのように食事や生活などを改善すればよいでしょうか？考えて記入してみましょう。

Aさん

平日は，18時まで部活動をし，19時から学習塾に通っている。夕食を食べる時間がなく，学習塾から自宅に帰った後22時頃に食事をとっていた。眠くなってしまい食事をとらずに就寝する日もあった。気が付くと体重が減っていた。

 【Aさんの栄養状態】

 【Aさんの食事・生活の改善方法】

Bさん

　3年生で運動部活動を引退し，学校から帰った後は，受験のため勉強することにした。食事は引退する前と同じだけ食べていたところ，体重が増加してしまった。

 【Bさんの栄養状態】

 【Bさんの食事・生活の改善方法】

Cさん

　友だちと比べると自分が太っていると感じていた。痩（や）せようと思い，ご飯などの主食を抜き，給食も残すようにした。お腹がすいても我慢（がまん）し，菓子（かし）も食べないようにした。1ヵ月経った頃（ころ），体重は以前より減ったが，動くと疲（つか）れやすくなった。

 【Cさんの栄養状態】

 【Cさんの食事・生活の改善方法】

● A さんの栄養状態と改善方法

A さんは，1 日の食事の量が足りておらず，エネルギー不足の状態になっていることが考えられます（教材 3 参照）。1 日に必要な食事量を 3 回の食事でとることが難しい場合は，分割して 4 回でとるなどの方法があります。例えば，学習塾の前に夕食の一部（おにぎりなど）を間食しておき，学習塾から帰った後に残りの食事を食べる方法があります。

● B さんの栄養状態と改善方法

B さんは，部活動を引退し運動で使うエネルギーが減りましたが，食事量を減らさなかったため 1 日の食事の量が過剰になっていることが考えられます。1 日の消費量に見合ったエネルギー摂取量に調整する必要があります。例えば，1 食の主食や主菜を 3 分の 1 に減らすなどにより，食事量を調整する方法があります。

● C さんの栄養状態と改善方法

C さんは，主食を少なくし，糖質を減らすことによって，エネルギー不足と同時に，主たるエネルギー源である糖質の摂取不足になり，体の中の筋肉などのたんぱく質を利用して糖質が作られた（糖新生 *）と考えられます（教材 3 参照）。そのため，体の筋肉量が減って，体が疲れやすくなったと考えられます。改善方法として，例えば，極端にエネルギーを減らすようなダイエットはやめて，1 日 100kcal の食べ物を減らす（例えば，クッキー 2 枚），あるいは運動を取り入れる（例えば，ウォーキング 30 分）ことでエネルギーを使って減量する方法があります。食事の管理と運動の併用も効果的です。

* 糖新生とは，たんぱく質や脂質などを分解し，その一部分使って糖質を作ること。

Check!

✎ 自分の生活と食事を考えて改善点を見つけてみましょう。

　私たちが生きていくためには，食事は不可欠なものです。食事をするためには，自分で食事を作る，惣菜などの出来上がった食事から選ぶ，自分で調理した食事に惣菜などの出来上がった食事を補うなど，現代社会では様々な選択肢があります。食事を準備するときの様々な選択肢について，メリットやデメリットなどを考えてみましょう。

✎ ファストフード店で食事をすることにしました。あなたはその食事について，どのように考えますか。メリットやデメリット，工夫したいことを，栄養や価格，時間などの面から考えて書いてみましょう。

栄養	
価格	
時間	
その他	

III 体を守る・強くする /
❶ 体とともに強くなる－スポーツと栄養－

教材

9 スポーツ栄養

 下記の質問について考えてみましょう。

❶ 筋肉を増やすためには，たんぱく質をたくさん摂取（せっしゅ）しさえすればよい。　YES　or　NO

回答の理由：

❷ 体重は，たくさん食べれば食べるほど必ず増える。　YES　or　NO

回答の理由：

❶の答え　NO

　筋肉を増加するために重要なことは，筋肉を増加させるための刺激（しげき）（トレーニング）です。その刺激（しげき）に対して筋肉を増やす必要があるときに筋肉は増加します。

　また，トレーニングの質や内容によって，筋肉を増加させるために，たんぱく質の摂取量（せっしゅ）を多くします。たんぱく質の摂取量（せっしゅ）を多くすれば，筋肉の増加量が増えるわけではありません。

　また，通常，食事からしっかりとたんぱく質源となる食品を食べていれば，プロテイン剤（ざい）のようなサプリメントは必要ありません。（教材３のコラム　参照）

　筋肉の増加のために必要な栄養素は，たんぱく質だけではなく，エネルギーやビタミン，ミネラルも必要です。したがって，バランスよく食べることが重要となります。

　ただし，たんぱく質を過剰摂取（かじょうせっしゅ）したときには，必要のない（使い切れない）たんぱく質を肝臓（かんぞう）で分解して，一部は体脂肪（しぼう）にして蓄え（たくわ），一部はアンモニア（有害）から尿素（にょうそ）（無害）に作り替えて腎臓（じんぞう）を介して尿（にょう）中に排泄（はいせつ）します。このように，肝臓（かんぞう）や腎臓（じんぞう）に負担をかけることにもなることからたんぱく質の取りすぎには注意が必要です。

❷の答え NO

　食べれば食べるほど，体が大きくなるわけではありません。食べることができる量には限界があります。たくさん食べることができても，食べたものが十分に消化できなければ，吸収されません。

　消化・吸収できないほど食べている場合には，食べているのに体重が増えなかったり，胃腸に負担がかかったり，便の量が増えたり，軟便になったりします。それによってエネルギー不足が起こる可能性もあります。(教材3参照)

✎ これから，どのように食べていけばよいと思いますか？

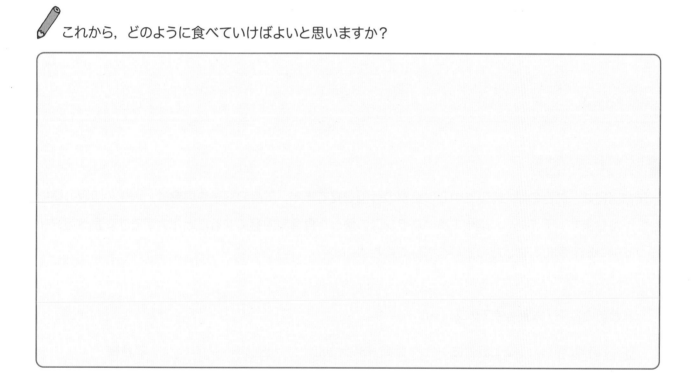

　パフォーマンスの向上には，運動・栄養・休養のバランスがとれていることが求められます。

　運動をたくさんして，栄養状態が良くても，休養が伴わなければ，体づくりができず，パフォーマンス向上に結び付かないだけではなく，ケガや故障の原因になります。

　毎日，8時間程度の睡眠をとること，高い強度のトレーニングを行ったときには，次の日は，練習を休みにしたり，トレーニングを軽くしたり，体づくりのための時間を取らなくてはいけません。

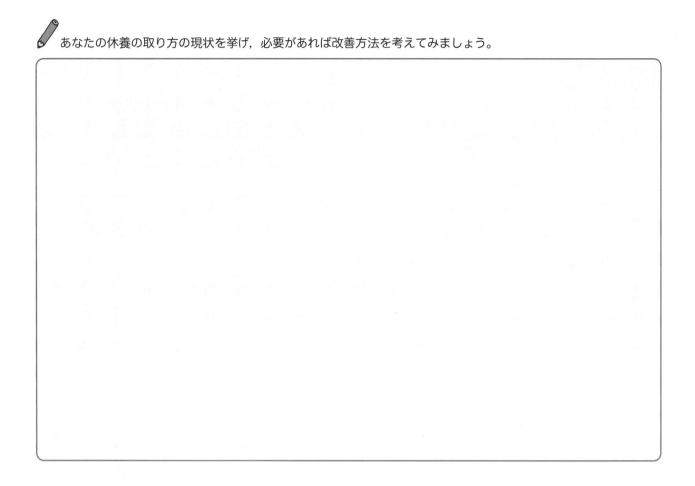

あなたの休養の取り方の現状を挙げ，必要があれば改善方法を考えてみましょう。

試合当日の食事

　試合当日は，試合の開始時刻を中心に食事の計画を立てます。試合の緊張や興奮は，消化・吸収の機能を低下させます。そのため，消化の良いバランスの整った食事の内容にすることが大切です。食べるタイミングについて図にしましたので参考にしてください。

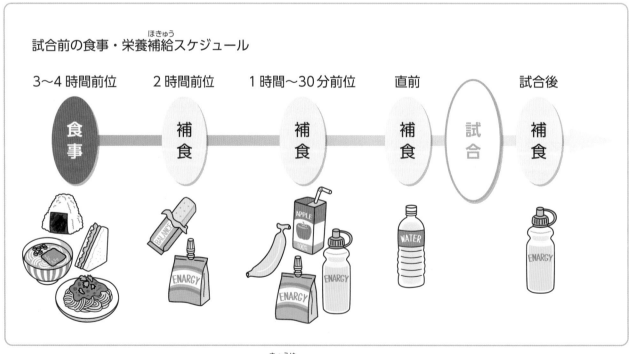

試合前の食事・栄養補給スケジュール

3～4時間前位	2時間前位	1時間～30分前位	直前	試合	試合後
食事	補食	補食	補食		補食

いつ何をどのくらい食べたらよいか、栄養教諭に相談してみましょう。

教材 10 健康でいるために
～健康とはどういうこと？～

**健康的な生活のために，毎日バランスよく食べなければなりませんが（教材 4 参照），
そもそも健康とはどういうことか考えてみましょう。**

世界保健機関（WHO）では，健康とは，病気でないとか弱っていないということではなく，肉体的にも，精神的にも，そして社会的にも，全てが満たされた状態にあることをいいます。（日本 WHO 協会訳）

この定義に基づけば，「健康」は，標準値や基準値で評価したり，他の人と比較したりするものではありません。

> 世界保健機関（WHO）とは 「全ての人々が可能な最高の健康水準に到達すること」を目的として設立された国連の専門機関

皆さんは，健康についてどんな風に考えていますか？ 1～4 について自分の考えや思っていることを書いてみましょう。

❶ あなたが自分は「健康だ」と感じるのは，どんなときですか？

❷ あなたが自分は「健康でない」と感じるのは，どんなときですか？

✎ ❸ どんな人が健康な人だと思いますか？

＜空欄＞

✎ ❹ どんな人が不健康な人だと思いますか？

＜空欄＞

最近では，健康を維持(いじ)するためには，運動・栄養・休養のバランスをとることが重要と言われていますが，健康を維持(いじ)するための課題がどのように変わってきたのか振り返ってみましょう。

　80年位前は，戦時下の食糧難で国民の栄養状態が悪かったことから，「生きるために」エネルギーや栄養素を満たすことが最重要課題になっていました。当時，人々は，運動や睡眠(すいみん)・休養に問題意識を持つことはあまりありませんでした。

　60〜30年位前は，戦後，経済発展するとともに，交通手段が発達したことによる運動不足や，飽食(ほうしょく)の時代となったことでエネルギーの過剰摂取(かじょうせっしゅ)などが問題となり，肥満が増えてきました。また，猛烈(もうれつ)に仕事をすることでストレスを抱(かか)える人が増え，胃潰瘍(いかいよう)などの疾患(しっかん)が増えた時期でもあります。この時期から，運動・栄養・休養のバランスをとることの重要性が認識され始めました。

最近では，「栄養不良の2重負荷」と呼ばれるエネルギー過剰摂取による肥満と，エネルギー不足による痩せが問題となっています。また，スマートフォンなどの普及により，便利になったものの，睡眠の質に影響を及ぼすことが問題となったり，社会構造の変化によってストレスを感じる人が多くなったりするなどの問題が出てきています。

このように，健康を維持するための課題は，社会や環境とともに変化しています。

健康を維持するには，社会や環境の変化に対して，課題となっていることを情報として収集し，その情報が自分にとって関係があるかを判断して，関係がある場合には，自分自身で解決していく必要があります。

そこで，10年後，30年後，50年後，社会や環境がどうなっているか想像するとともに，健康でいるためにどのようなことに気を付ければよいか考えてみましょう。

	社会・環境の状況予想	自分の「健康」予想
10年後		
30年後		
50年後		

教材 11 自分を守る食品の安全や衛生って 何だろう？

食品の安全性を脅かすものとして「食中毒」があります。

　食品の安全性を脅かすものとして「食中毒」があります。これは，飲食店での食事だけでなく，毎日食べている家庭の食事でも発生する可能性があります。例えば，肉には，食中毒の原因になる細菌やウイルス，寄生虫などがついていることがあり，十分な加熱を行わないと食中毒を起こすリスクがあります。加熱調理された惣菜や和え物などでも衛生管理が粗雑なために，加熱後に調理器具・器材や手指などからの汚染を受け，食中毒の原因食品となる場合があります。家庭での食事作りにおける食中毒予防のポイントをチェックしてみましょう。

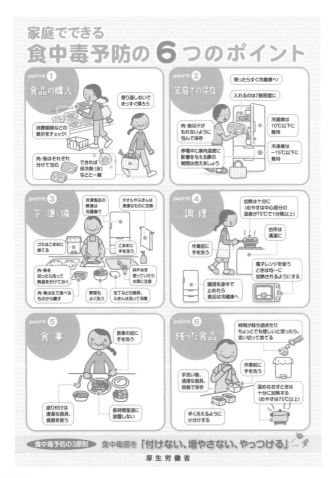

（出典：厚生労働省　https://www.mhlw.go.jp/stf/seisakunitsuite/bunya/kenkou_iryou/shokuhin/syokuchu/index.html）

【賞味期限と消費期限】

全ての加工食品には，賞味期限又は消費期限のどちらかが表示されています。

 賞味期限が昨日までの菓子が自宅にあった場合，あなたはどうしますか？

<**賞味期限**>

袋や容器を開けないままで，書かれた保存方法を守って保存していた場合に，表示された「年月日」まで，「品質が変わらずにおいしく食べられる期限」のことをいいます。スナック菓子，カップめん，チーズ，缶詰，ペットボトル飲料など，消費期限に比べ，いたみにくい食品に表示されています。この期限を過ぎても，すぐに食べられなくなるわけではありません。

<**消費期限**>

袋や容器を開けないままで，書かれた保存方法を守って保存していた場合に，表示された「年月日」まで，「安全に食べられる期限」のことをいいます。お弁当，サンドイッチ，生めん，ケーキなど，いたみやすい食品に表示されています。

≪**ふたや包装を開けてしまったら？**≫

ただし，消費期限も賞味期限も，袋や容器を開けないで，書かれた通りに保存していた場合の安全やおいしさを約束したものです。一度開けてしまった食品は，期限に関係なく早めに食べるようにしましょう。

食品表示法という法律により，販売されている全ての食品に対して，表示のルールが決められています。
食品表示は，消費者にとって食品を選ぶときに必要な情報を教えてくれるものです。消費者が安全に食品を食べるためには，保存方法や消費期限などに注意して食品を扱うことが必要です。食物アレルギー疾患を有する人にとっては，食品表示のアレルギーに関する情報は大変重要なものです。

 食品添加物について

食品添加物は，保存料，甘味料，着色料，香料など，食品の製造過程または食品の加工・保存の目的で使用されるものです。

今日の豊かな食生活は，食品添加物によるところが大きいといえますが，食品添加物は，長い食経験の中で選択されてきた食材とは異なるものであり，安全性の確保には細心の注意を払う必要があります。

このため，厚生労働省は，人の健康を損なうおそれのない場合に限って，成分の規格や，使用の基準を定めたうえで，使用を認めています。

それぞれ，どんなことが起きているのか，どのようにすればよかったか考えてみましょう。

 事例1

飲みかけのペットボトルのお茶を長期間常温に放置したところ，カビが生えてきた。

事例2

朝作った弁当を夏に日当たりのよい外に置いておいた。昼間食べられなかったため，夜に食べたところ酸っぱい臭いがした。

【事例1】

【事例2】

31

教材

12 食の背景に何があるの？

現在，急激な社会の変化にともなったグローバル化の進展や，日本に暮らす外国人の増加などにより，その人々との交流や海外の食事に触れる機会が増えています。一方，世界には多様な食文化が存在しており，食事の仕方や食べる食品などが異なっています。まずは，日本の食文化についてみていきます。

1. 日本の食文化

 日本には，お正月以外にも様々な年中行事と，これに併せて食べられている行事食があります。どのような行事食があるでしょうか。

> ＜行事食＞
>
>

 その行事食には，どのような意味や思いが込められているのでしょうか。

>
>

（1）日本の食文化の特徴

　日本の国土は南北に長く，海や川，山や平野など変化に富んだ自然が広がっており，地域ごとの気候や風土も様々です。日本人は，そういった自然を制しようとするのではなく，自然の中に神様を感じ，豊かな自然を敬い，自然に寄り添う考え方を育んできました。そして，その土地ならではの四季折々の海の幸，山の幸といった自然の味を生かした料理を作り，大切に食べてきました。

　日本各地には，それぞれ自然的・社会的な環境や習慣を背景に，「行事食」や「郷土食」等，極めて多様な食文化が発達しています。また，そのようなものだけでなく，料理人などにより伝承されてきた，洗練された技術も存在します。

（2）「和食」のユネスコ無形文化遺産への登録

　このような日本の食文化に対しては，日本人の精神性や歴史が反映された，日本を代表する文化の一つとして，海外からの関心も高まっています。

　平成25年には，「和食；日本人の伝統的な食文化」がユネスコの無形文化遺産に登録されました。「和食」の特徴としては，①多様で新鮮な食材とその持ち味の尊重，②健康的な食生活を支える栄養バランス，③自然の美しさや季節の移ろいの表現，④正月などの年中行事との密接な関わり，が挙げられています。和食は，このような共通点を持ち，地理的・歴史的な多様性がある食文化となっています。

（3）食文化を知る意義

　日本の多様な食文化には，各地の自然環境の中で，暮らしを守り，命をつないできた先人の知恵や歴史がそれぞれ反映されており，未来に継承すべき日本を代表する文化の1つと言えます。

　また，食は世界中の誰もが日々経験するものですので，国内の他の地域や海外の人々との間で，それぞれの食文化を理解しあうことにより，お互いの交流や絆を深めることにも役立ちます。

Check!

2. 世界の食文化

Ａ と Ｂ のイラストを見て，自分自身の食事場面と比べてみよう。

(1) 気付いたことを書きましょう。

(2) その背景を考えてみましょう。

Ａのイラストは，ヒンドゥー教を信仰している人の食事の様子です。ヒンドゥー教では，牛は神聖な動物（神の使い）として崇拝されているため，口にしません。牛肉以外の肉を食べる人もいますが，肉食を嫌う人もいます。また，他人が触れたり，使用したりする食器類は不浄であるとされ，バナナや芭蕉の葉または使い捨ての皿に盛り付けた上で，手で食べています。

　Ｂのイラストは，イスラム教を信仰している人の食事の様子で，食前と食後には祈りの言葉（成句）を唱えます。また，断食月（イスラム歴の９月【ラマダン】）が決められており，日の出から日没までは一切食事をせず，日没後に食事を行います。イスラム教では教典である「コーラン」に従い，食事の仕方なども含めて日常生活を行っています。そこには，前述した断食をすることや豚肉や血，酒あるいは神以外のものから与えられた食べ物※は飲食しないことが記されています。食べることが許されている食材や料理のことを「ハラール」と言います。また，左手は不浄の手であるとされており，食事の際は右手を使用し，左手は使用しません。

　このように，食の背景として宗教が関係しています。なお，これらの例は一般論であり，同じ宗教であっても食の在り方は異なる場合もあります。

　また，肉や魚は食べずに穀物・野菜・豆類などの植物性食品を中心にした食生活を選択することがよいと考える人々がいます。このような人々は，栄養や健康の保持，動物保護，環境問題や食料問題など様々な理由でこのような食生活がよいと考えています。食の背景として思想が関係しているといえます。

　世界には多様な食文化が存在しています。**食文化とは，宗教・思想だけではなく，自分たちをとりまく自然環境とその国や地域ならではの文化を背景にして育まれるものとされています。**

　また，食事は人間関係を豊かにする大切なコミュにケーションの１つです。**食事を通じて互いを知り，互いの価値を尊重することは重要です。**そこから，新たな食文化が創造される可能性も考えられます。

Check!

　食文化には多様な背景があり，食事の仕方や食べる食品などが異なっていることを知ることは，とても大切なことだと言えます。

※イスラム教徒以外の人がと殺した家畜。
　または，イスラム教の祈りを唱えないでと殺した家畜。

コラム　オリンピック・パラリンピックの選手村の食事

　選手村は，大会期間中，選手が自国にいるのと同様のコンディションを維持できる環境を整えています。食事もコンディションを整えるための大きな要素となるため，選手村の食堂は，選手が自国にいるときと同じような食事ができるように食材・料理・食文化などを考えて提供します。また，減量や試合前の食事などの競技に伴う食事，食物アレルギー，宗教，ベジタリアン（菜食主義といわれ，肉や魚は食べずに穀物・野菜・豆類などの植物性食品を中心にした食生活を選択する人）など，選手個人に対するさまざまな配慮もしています。さらに，全ての料理にエネルギーや栄養素の含有量がわかる栄養表示をしており，これについては，言語の垣根を越えて食材がわかるようにピクトグラム※を用いて表示されています。

　選手村の食堂は，選手のコンディション維持のための適切な食事を提供するだけではなく，4年に1度開催される世界的なスポーツの祭典として，開催国の「食」や「食文化」を世界に発信する場所でもあります。このため，選手村には，選手をはじめ参加者が開催国の「食」を楽しむための食堂（カジュアルダイニング）も設置されています。

※一般に「絵文字」「絵単語」などと呼ばれ，何らかの情報や注意を示すために表示される視覚記号（例：非常口マークなど）

●**食の在り方について考えるワーク**

　異なる食文化を持つ様々な人々を招いて，あなたの地域の食文化を伝える食事会を企画します。

　①多様な食文化を有する人々に対して配慮すること，②あなたの地域の食文化のうちぜひ伝えたいことについて触れながら，食事会の企画案を作成してみましょう。

※文字だけでなく，イラストを用いたり，図で表現したりと，いろいろな表現方法で企画案を作成してみましょう。

 やってみよう

　○作成した企画案をグループで話し合いながら，改善してみましょう。
　○改善した企画案をみんなに発表したり紹介したりしてみましょう。

教材 13 今，世界の「食」は危機に直面しているかも。あなたはどうしますか。

私たち人間は地球という限られた環境に住んでいます。

　私たちは昔から，この地球という限られた環境の世界の中で食べ物を食べて生きてきました。しかし，今，この世界では食に関する様々な問題が起きています。これらの問題は人間の生活と密接に関係しています。私たちが，この地球で，これからも健全に生きていくためには，これらの問題ときちんと向き合い，改善策を理解した上で，自分に何ができるかを考えていくことが必要です。

　世界にはどのような食に関する問題があるでしょうか。一緒に見ていきましょう。

1. データで見る「世界の食に関する問題」

 次のクイズに挑戦してみましょう。答えは，この教材の資料の中にあります。

問　題		答　え
Q.1	世界で食料不足による栄養不足に陥っている人口は，総人口の何人に一人か？	
Q.2	世界で1日に捨てられる食料の重さは？	
Q.3	2019年現在，世界の人口は約77億人。2050年，全世界の人口は約何人になると予想されているか？	
Q.4	平成29年度（2017年度），日本の食料自給率（カロリーベース）は何%か？	

2. 食に関する問題について資料提示

どのような問題があるか，資料から読み取りましょう。

貧困・飢餓

　世界の穀物生産量は毎年26億6000万トン以上（2019年現在）あり，世界の全ての人が十分に食べられるだけの食料が生産されていると言われています。それにもかかわらず，世界では8億2100万人，およそ9人に一人が慢性的な栄養不足となっているのです。

図1　ハンガーマップ (出典：国連WFP　https://ja.wfp.org/hunger_map)

貿易構造 (引用：国連WFP)

　あなたは1食分の食事にいくら払えますか？自宅で簡単に作れる食事を思い浮かべてください。例えば，ほどよくお腹を満たし，1日に必要な栄養やカロリーの約⅓を補えるものとして，スープや簡単なシチューを作るとします。

　もし，アメリカ合衆国のニューヨーク州で，このような食事を作る場合，収入のわずか0.6パーセントの費用しかかかりません。しかし，同じ食事を作るのに，南スーダンでは，収入の186パーセントも費やさなければなりません。貧しい国々ではとても手の出ないものとなっています。

　図2は，世界36ヵ国の国々で，スープや簡単なシチューを作るためにかかる費用を表したグラフです。各国における平均収入の中で食費の占める割合を算出して計算しています。

南スーダンでは，収入における食費の割合が先進国の約 300 倍も高くなります。言い換えれば，ニューヨーク州に住む人が先に述べたような，スープや簡単なシチューに約 392 米ドル（1 米ドル＝ 105 円で換算すると約 41,160 円）も払わなければならないということです。

https://ja.wfp.org/news/%E4%B8%80%E7%9A%BF%E3%81%AE%E9%A3%9F%E6%96%99%E3%81%AE%E3%82%B3%E3%82%B9%E3%83%88

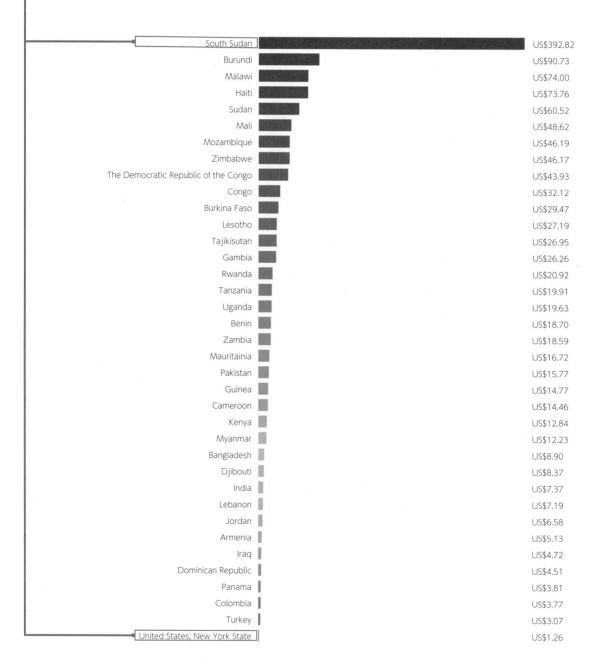

図2　THE COST of A PLATE OF FOOD　2020
　　（出典：国連 WFP
　　https://cdn.wfp.org/2020/plate-of-food/?_ga=2.131208904.655548617.1601180463-2106961764.1597924825）

食品ロス

「食品ロス」とは，本来食べられるのに捨てられてしまう食品のことです。

図3は，各地域における消費および消費前の段階での一人当たりの食料のロスと廃棄量（はいきりょう）を表したものです。

グラフは，ヨーロッパと北アメリカ・オセアニアにおける一人当たりの食料ロス（グラフの赤＋青）が280 ～ 300 kg/ 年であることを示しています。一方、生産から小売の段階における食品ロスが，サハラ以南アフリカと南・東南アジアでは，120 ～ 170 kg/ 年です。

ヨーロッパと北アメリカで消費者によって捨てられる一人当たりの食料（グラフの赤）は 95 ～ 115 kg/ 年ですが，サハラ以南アフリカと南・東南アジアでは 6 ～ 11 kg/ 年にすぎません。

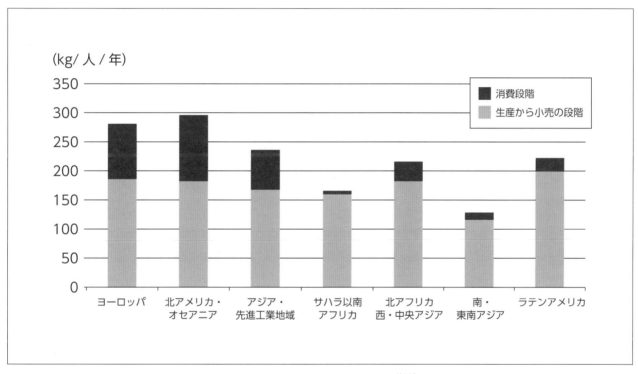

図3　各地域における消費および消費前の段階での1人当たり食料のロスと廃棄（はいき）量
（出典：国連食糧農業機関（FAO）「世界の食料ロスと食料廃棄（2011）」http://www.fao.org/3/a-i2697o.pdf）

また世界全体で見ると，13 億トンの食料が毎年捨てられています（FAO 調べ 2011 年）。これは，世界全体の食料生産量の⅓にあたります。

日本の食品廃棄物（はいきぶつ）等は年間 2,550 万 t で，その中で本来食べられるのに捨てられる食品「食品ロス」の量は年間 612 万 t になっています（平成 29 年度推計値）。

食品ロスは大きく分けると，事業活動を伴（ともな）って発生する食品ロスである「事業系食品ロス」，各家庭から発生する食品ロス「家庭系食品ロス」があります。612 万 t のうち，事業系食品ロスは 328 万 t，家庭系食品ロスは 284 万 t でした。

日本における 1 人当たりの食品ロス量は 1 年で約 48 kg であり，これは，日本人 1 人当たりが毎日お茶碗（ちゃわん）1 杯分のご飯を捨てているのと同じ量になります。

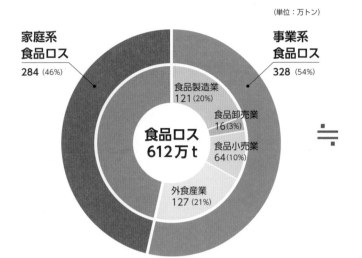

図4　日本の食品ロスの状況
https://www.maff.go.jp/j/shokusan/recycle/syoku_loss/161227_4.html

人口と食料のバランス見込み

　世界の人口は 1950 年から 2020 年にかけて年々増加しており，今後も増加の見通しになっています。人口の増加に伴って穀物の収穫量（しゅうかく）も年々増えていますが，収穫面積（しゅうかく）はほぼ横ばいです。生産量が増えたのは，生産技術の向上などにより，単位面積当たりの収穫量である単収が増えたからです。しかし，単収はいずれ限界がくると言われています。

世界人口は急速に増加し、2050年には約97億人

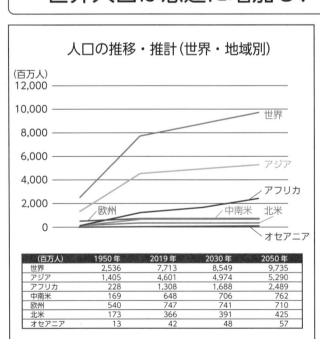

（百万人）	1950 年	2019 年	2030 年	2050 年
世界	2,536	7,713	8,549	9,735
アジア	1,405	4,601	4,974	5,290
アフリカ	228	1,308	1,688	2,489
中南米	169	648	706	762
欧州	540	747	741	710
北米	173	366	391	425
オセアニア	13	42	48	57

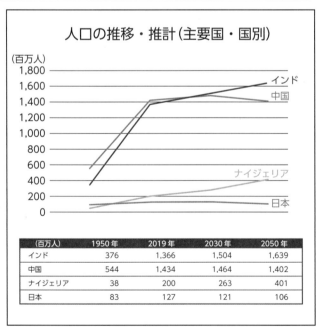

（百万人）	1950 年	2019 年	2030 年	2050 年
インド	376	1,366	1,504	1,639
中国	544	1,434	1,464	1,402
ナイジェリア	38	200	263	401
日本	83	127	121	106

図5　世界の人口の見通し
（出典：消費者庁）「食品ロス削減（さくげん）関係参考資料」
https://www.caa.go.jp/policies/policy/consumer_policy/information/food_loss/
efforts/assets/efforts_201130_0001.pdf）

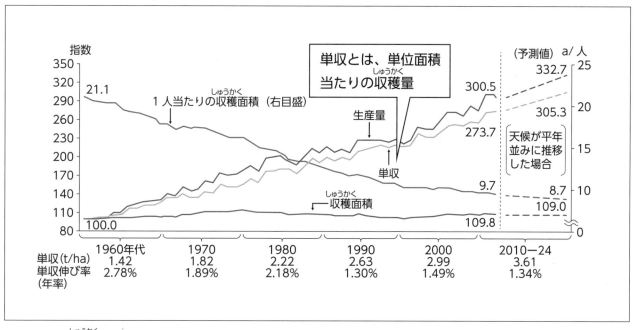

図6　穀物の収穫面積，生産量等の推移と見通し
（出典：農林水産省）
https://www.maff.go.jp/j/wpaper/w_maff/h26/h26_h/trend/part1/chap1/c1_1_01_2.html

食料自給率

　諸外国の中では，米国，フランス，ドイツなどが高い水準になっています。我が国は，1961 年に比べて低い水準で推移しています。

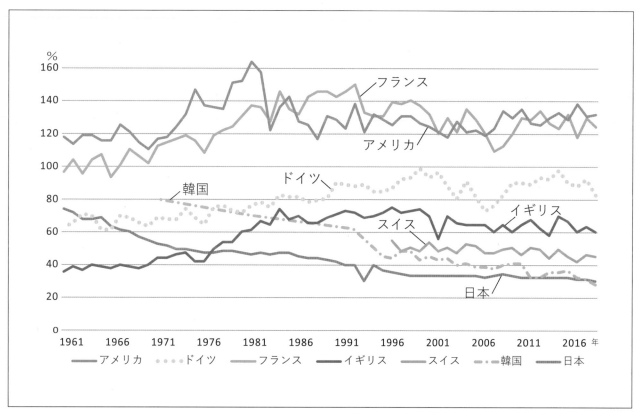

図7　諸外国の食料自給率
（出典：農林水産省）「諸外国の食料自給率等」
https://www.maff.go.jp/j/zyukyu/zikyu_ritu/attach/pdf/013-3.pdf

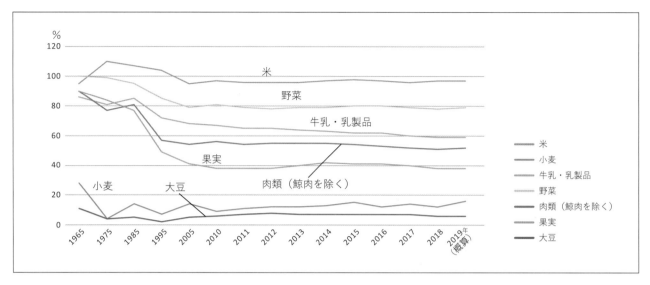

図8　日本の主な農産物の自給率の移り変わり
（出典：農林水産省）「日本の食料自給率」
https://www.maff.go.jp/j/zyukyu/zikyu_ritu/attach/pdf/012-15.pdf

自然環境の保全と農業

　食料の輸送量に輸送距離を乗じた指標として「フード・マイレージ」があります。これは，「生産地から食卓までの距離が短い食料を食べた方が輸送に伴う環境への負荷が少ないであろう」という仮説を前提として考え出されたものです。

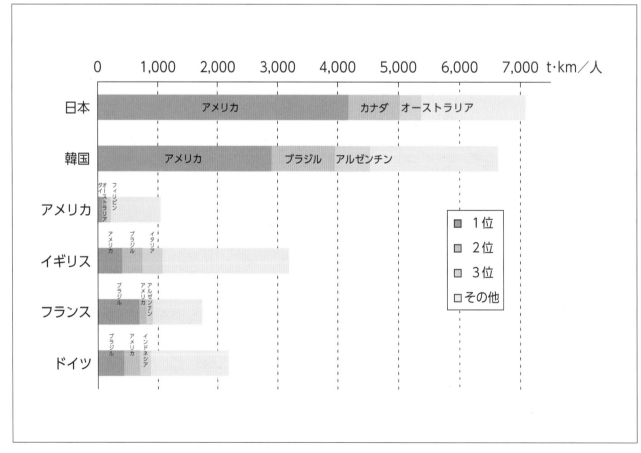

図9　（出典：農林水産省）「1人当たりフードマイレージの比較（輸入相手国別）」
https://www.maff.go.jp/j/council/seisaku/kikaku/goudou/06/pdf/data2.pdf

　例えば，東京でブロッコリー1個（250g）を買った場合，米国（西部のカリフォルニア州）から輸入したブロッコリーでは，フード・マイレージは 0.25kg × 8,579km = 2,145kg·km，輸送によって排出される CO_2 の量は 51g となります。一方，愛知県から輸送したブロッコリーでは，それぞれ 0.25kg × 298km = 75kg·km，13g となります。人口1人当たりの輸入食料のフード・マイレージは，我が国では平成13（2001）年に 7,093t·km となっています。諸外国と比較すると，米国 1,051t·km，英国 3,195t·km，フランス 1,738t·km，ドイツ 2,090t·km となっており，我が国のフード・マイレージは相当程度高い水準となっています（2001年調査）。

コラム　SDGs（Sustainable Development Goals：持続可能な開発目標）

　SDGs（Sustainable Development Goals：持続可能な開発目標）は，「誰一人取り残さない（leave no one behind）」持続可能でよりよい社会の実現を目指す世界共通の目標です。2015年の国連サミットにおいて全ての加盟国が合意した「持続可能な開発のための2030アジェンダ」の中で掲げられました。2030年を達成年限とし，17のゴールと169のターゲットから構成されています。

　17のゴールは，①貧困や飢餓，教育など未だに解決を見ない社会面の開発アジェンダ，②エネルギーや資源の有効活用，働き方の改善，不平等の解消など全ての国が持続可能な形で経済成長を目指す経済アジェンダ，そして③地球環境や気候変動など地球規模で取り組むべき環境アジェンダといった世界が直面する課題を網羅的に示しています。SDGsは，これら社会，経済，環境の3側面から捉えることのできる17のゴールを，統合的に解決しながら持続可能なよりよい未来を築くことを目標としています。

SUSTAINABLE DEVELOPMENT GOALS

3. 食に関する問題には，どのようなものがあり，どのような解決策が考えられるでしょう？

 （1） 食に関する問題について，分かったことを書きましょう。

 （2） （1）で整理したことから1つ選び，その解決策を考えてみましょう。

4. 問題解決・改善ツールの解説

　世界が抱えている様々な問題の解決のため，以下のような取組や考え方が広まっています。それぞれについて詳しく調べてみましょう。

・**フェアトレード** （フェアトレードジャパン HP から引用）

　フェアトレードとは直訳すると「公平・公正な貿易」。つまり，開発途上国の原料や製品を適正な価格で継続的に購入することにより，立場の弱い開発途上国の生産者や労働者の生活改善と自立を目指す「貿易のしくみ」をいいます。

・**フード・マイレージ，地産地消**※ (農水省 HP)

　これは，1990 年代から英国で行われている「Food Miles（フードマイルズ）運動」を基にした概念であり，「生産地から食卓までの距離が短い食料を食べた方が輸送に伴う環境への負荷が少ないであろう」という仮説を前提として考え出されたものです。この指標から，今後，我が国において，食料の輸送に伴う環境への負荷軽減に向け，国内生産の拡大，地産地消の推進等の取組をどのようにすればよいのかを考えていく必要があります。

※地産地消とは、地元で生産されたものを地元で消費するという意味の言葉であり、地域の活性化や環境負荷低減などの効果が期待されています。

【例えば，東京でブロッコリー 1 個（250g）を買った場合…】

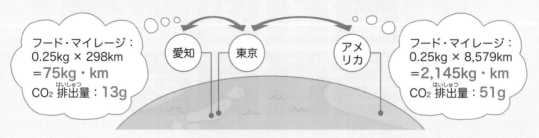

フード・マイレージ：
0.25kg × 298km
＝75kg・km
CO_2 排出量：13g

愛知　東京　アメリカ

フード・マイレージ：
0.25kg × 8,579km
＝2,145kg・km
CO_2 排出量：51g

• GAP （農水省 HP）

　GAP（Good Agricultural Practice: 農業生産工程管理）とは，農業において，適正な農薬の使用などの食品安全，廃棄物の適正処理などの環境保全，機械・設備の点検・整備などの労働安全等の持続可能性を確保するための生産工程管理の取組のことです。これを我が国の多くの農業者や産地が取り入れることにより，結果として持続可能性の確保，競争力の強化，品質の向上，農業経営の改善や効率化に資するとともに，消費者や実需者の信頼の確保が期待されます。

• アニマルウェルフェア （農水省 HP）

　我が国も加盟しており，世界の動物衛生の向上を目的とする政府間機関である国際獣疫事務局（OIE）の勧告において，「アニマルウェルフェアとは，動物の生活とその死に関わる環境と関連する動物の身体的・心的状態」と定義されています。

　アニマルウェルフェアについては，家畜を快適な環境下で飼養することにより，家畜のストレスや疾病を減らすことが重要であり，結果として，生産性の向上や安全な畜産物の生産にもつながることから，農林水産省としては，アニマルウェルフェアの考え方を踏まえた家畜の飼養管理の普及に努めています。

 **コラム　子ども食堂とは**

　「子ども食堂」という言葉を聞いたことがありますか。近年，地域住民等による民間発の取組として無料または安価で栄養のある食事や温かなだんらんを提供する子ども食堂等が広まっています。子ども食堂は，子どもの食育や居場所づくりにとどまらず，それを契機として，高齢者や障害者を含む地域住民の交流拠点に発展する可能性があり，地域共生社会の実現に向けて大きな役割を果たすことが期待されます。

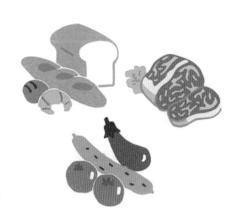

5. 私たちは，この先もずっと食べることで命をつないでいきます。このことは世界中の人々にとっても同じことです。

（1）　あなたにできることを考えてみましょう。

（2）　「これからの私たちの食の在り方」について考えてみましょう。

（3）　自分の考えが変わったところはありましたか。グループで交流してみましょう。

やってみよう

○食に関する問題について「食料不足」「貧困・飢餓, 貿易構造」「食品ロス」「環境負荷」などテーマを絞ってさらに詳しく調べてみましょう。

○詳しく調べたことや話し合ったことをもとに自分の考えを深めてみましょう。

○深めた自分の考えを発表したり紹介したりしてみましょう。

参考資料

農林水産省　こどもページ
https://www.maff.go.jp/j/kids/

消費者庁　食品ロス
https://www.caa.go.jp/policies/policy/consumer_policy/
information/food_loss/education/

教材 14 えっ，その「仕事」も食に関わっているの？

食は生きるために必要なことです。昔から人々は食に関わる仕事をしてきました。

　農業や漁業，調理はもちろん，それ以外にも食に関わる仕事がたくさんあります。それらにはどのようなものがあるのでしょうか。

◆食に関わる「仕事」（職業や家庭・地域での役割など）をできるだけ多く挙げてみましょう。

　例えば，食卓が整うまでに，以下のとおり多くの職業が関わっています。

🖍️どれだけの食が関わっているのでしょうか。イラストを参考に下の枠(わく)にできるだけ多く書き出してみましょう。

```
＜食に関わる「仕事」＞



```

◆食をめぐる様々な「仕事」とその思いに触れてみよう。

　人は，他者や社会との関わりの中で，職業人としてだけではなく，家庭人や地域社会の一員として，様々な役割を担いながら生きています。食に関わっても同じことが言えます。ここでは，それら役割を担う人々の思いについて，ごく一部を紹介しています。

1. 漁師

※自然との対峙（教材13など）

●職業や活動の概要

　漁師の仕事とは，川や海，湖に出て漁をしたり，貝類や海藻類等を獲ったりすることで，日本の食卓を豊かにすることです。四方を海に囲まれたこの国において，歴史ある大切な仕事です。海は共通の財産であり，漁業は，漁業権という許可を国や自治体から取得して行います。近年では，漁師自身による生態系や環境に対する配慮や役割も重要になっています。

●仕事を通じて実現したい社会

　食べる事のありがたさや，人と共に生きる事の心強さ，自然の恵みに対する敬意と感謝を感じています。人間として，生きる力と豊かな心を持ったコミュニティを創りたいです。それらを支えていく仕事として，漁師であることに誇りを持ち続けたいと思います。

●工夫していること

　漁師の仕事は，小さな技術や経験，知識，あらゆることに対する努力と工夫で成果が大きく変わってきます。他者や身内の仕事から，または，自身の実際の体験から，体の諸機能を研ぎ澄まし学んでいます。今は，情報を得るための現代のツールと先人の積み重ねとを組み合わせることにより，また他産業との関わりからも，漁業を進化させていく事を探求しています。

●困難を感じていること

　漁師として生きる上で求められる能力は多岐にわたります。気象を読む事，各種海産物の生態に関する知識，過酷な肉体労働に耐える体力，判断力や道具を扱う技術，そして何よりチームとしての漁師仲間とのコミュニケーションなど，必要とされるものが多いです。

●喜びを感じていること

　知識や経験など持てる全てを発揮して，大漁という結果が出たとき，自分の成長を実感することができ，シンプルに嬉しいです。また，自分が獲ってきたものが，縁もゆかりもない人の人生の節目を彩ったり，感謝されたりしていることも嬉しく感じます。

　この仕事が，人や社会の幸せに直結すると確信しており，誰かの人生のターニングポイントに影響を与える事が，そのことがたまらなく嬉しいと感じています。

2. 包装・印刷業

※届ける工夫，技術革新（教材 13 など）

●職業や活動の概要

　主に食品（お菓子）の化粧箱を製造・販売しています。お客様に手に取っていただけるようなデザインを考え，商品を保護する機能性も考慮します。お菓子メーカー様を陰で支える存在ですが，商品の良さが店頭で伝わる方法について相談にのっています。

●仕事を通じて実現したい社会

　安心，安全でおいしい食品が日本各地に届くためには，我々，包装資材の仕事に携わる人が少なからず必要です。食べた後の包装資材のゴミは，適切に処分していただくことで環境を守ることにつながります。

●工夫していること

　ジッパーの開封しやすさや，便利なパッケージなどを考えて作っています。常にお客様にとってどうすればよいのかということを考え，喜んでいただけるように工夫しています。

●困難を感じていること

　商品の良さが，お客様にうまく伝えられないことがあることです。その結果，商品が売れなくなってしまうと，化粧箱も数量が出なくなり，廃棄になります。せっかく作った化粧箱が使われずに廃棄になるのは残念です。

●喜びを感じていること

　箱の中の商品の良さをお客様に分かっていただき，たくさんのお客様に喜んでいただけることです。私がお手伝いをしている商品を遠方のお客様が知っていたり，話題にして褒めていただいたりすると，自分の子供が褒められているように嬉しいです。

3．消毒用品販売業

●**職業や活動の概要**

　感染症対策や食中毒対策の衛生資材を販売しています。飲食店や学校給食の調理を
されているオーナー様や先生に対し，手洗い石鹸やアルコール剤などを御提案し販売し
ております。食中毒などが発生しない様，洗剤などの使い方や手洗いの正しい方法など
を御提案する職業です。

●**仕事を通じて実現したい社会**

　食中毒や感染症などを世界でゼロにすることは難しいですが，皆さんが正しい手洗
い・正しい消毒を行い，安心で安全な生活が送れる環境ができる様に働きかけをしてい
ます。

●**工夫していること**

　保育園や小学校で正しい手洗い教育などを行うときは，分かりやすく動画にしたり，
実際に食堂や調理場で働かれる方へは見やすいマニュアルを作成し，いつ見ても安心し
て洗剤や消毒剤を利用できるようにしたりするなどの工夫をしております。

●**困難を感じていること**

　衛生管理の中で消毒剤などの使用方法を間違えて使用すると，しっかり洗浄や消毒が
できず，食中毒や感染症になってしまう恐れがあるので，使っていただいている皆様へ
御説明が行き届かせることが大変です。(特に新型コロナウィルス感染拡大などにより，
直接対面でお話できないのは困難です)

●**喜びを感じていること**

　洗剤などを御使用いただき「食器がすごく綺麗
になったよ！」や，「安心安全な食事を提供でき
るようになりました！」と言われたりすると，衛
生管理を御提案できる仕事ができて良かったなと
実感します。

4．病院（管理栄養士）

※健康に直結する（教材 10 など）

●職業や活動の概要

　病院に勤務する管理栄養士です。入院している患者さんの食事を作って提供しています。どれぐらい食べられているかをチェックし，医師・看護師と共に患者さんが栄養不良にならないように管理しています。また，がん，糖尿病など様々な病気で療養中の患者さんや家族に対し，自宅での食事の方法について相談にのっています。

●仕事を通じて実現したい社会

　薬だけに頼る医療ではなく，食を通じて，患者さんが元気になれるよう支援し，何歳になっても元気に活動できるよう貢献したいと思います。

●工夫していること

　食事を見直すことは，自分でできる１番の治療で予防にもなります。食生活を見直し健康を取り戻すことができれば医療費を減らすことができますし，限られた医療費を重い病気で医療を必要とする患者さんに有効に活用してもらうこともできます。管理栄養士は食生活を見直すことを支援する皆さんのサポーターでありたいと思っています。

●困難を感じていること

　口から食べられなくなった患者さんに対し，少しでも栄養がとれるよう，胃に直接液体の栄養食品を入れたりする方法を選択することもありますが，自宅では家族の負担にもなり大変です。

●喜びを感じていること

　食べ物を美味しく食べながら，治療もできることは，患者さんにとってストレスが少なく，喜びにもなります。食べることで患者さんや家族が元気になり，その笑顔が見られるようになることがとても嬉しく，私たちにとっても励みとなります。

5. 栄養教諭

●職業や活動の概要

　学校給食の献立を作成するほか，給食喫食中の教室を訪問して児童生徒に声かけしたり，教科等の授業を行ったり，また，部活動や食物アレルギーなど個別の食に関する相談にのったりしています。

●仕事を通じて実現したい社会

　将来，児童生徒が自立したときに，自分の体を大切にして健やかに過ごせるよう，そして，夢を実現し，活躍してもらえるようにと願っています。

●工夫していること

　食材を吟味し，手作りにこだわり，美味しく楽しんで食べてもらえるような献立作成を心がけています。また，生涯にわたって自分の食事を大切にしてもらえるよう「なぜ？」「どうして？」から「実践してみたい」と思える授業づくりに心がけています。

●困難を感じていること

　食べ物があふれて，好きなものを好きなだけ食べることができる時代です。その状況の中，食の知識は理解できても，児童生徒自身が行動に移し，それぞれの課題解決に結び付けることには難しさを感じています。

●喜びを感じていること

　離任式で卒業生が「これだけ大きくなれたのは先生のおかげです。」と言いに来てくれました。児童生徒の成長を見られることが何よりの喜びです。

6．郷土料理調理販売
※活動（「職業」以外の関わり）（教材 12 など）

●職業や活動の概要

地元農家が余らせがちな野菜や米を使用し，漬物や味噌，ジャムなどに加工しています。また，おふくろの味と言ってもらえるような食堂を営業するとともに，地域行事に合わせたお弁当の注文も受けています。

●仕事を通じて実現したい社会

皆が家の外へ仕事に出るため，家庭では日々の食事の準備等，食べることに手間を掛けられません。それでも家庭料理・郷土料理の美味しさを知っていてほしいです。食べ物から季節や愛情を感じてほしいと思います。

●工夫していること

その季節の食材を使うこと。ほとんどの野菜は市内の農家から仕入れています。

●困難を感じていること

作るスタッフの高齢化により作業効率が悪くなっています。

●喜びを感じていること

加工品販売や食堂営業のそれぞれの商品に「美味しい」と言ってくれるリピーターがいることです。

7. 新聞記者

●職業や活動の概要

　私の場合，主に食や農，健康，環境をテーマに，専門性のある読み物的な記事を書くのが仕事です。食や農，健康，環境をテーマにした出版物の刊行や，セミナーやシンポジウム，講演会などを実施したり，講師として招かれたり，紙面以外の活動もしています。

●仕事を通じて実現したい社会

　私たちが今，こうして暮らしていけるのは，先人たちの努力のおかげです。それと同じように，私も新聞で医，食，農，環境を伝え，よりよい世の中を，次の世代に渡せるようにしたいと考えています。また，「医，食，農，環境は，バラバラではなく，一体的に考えねばならない」という考え方に基づいた社会を実現したいと思っています。

●工夫していること

　食について伝えるための工夫は3つあります。1つ目は「伝わる」記事を書くことです。読み手に伝わらなければ，意味はありません。2つ目は提案することです。私は，「では，こうしたらどうか」というところまで，踏み込んで提案しています。3つ目は多角的な展開です。記者の願いは，自分の書いた記事が，社会を動かす一助になることです。

●困難を感じていること

　農業は常に未来の社会を考えて営まれてきましたが，近年は「今さえ良ければいいじゃないか」「お金がもうかるなら，何をやってもいいだろ」といった目先の利益を優先する考え方が広がっていて，農業のよさが失われるのではないかと感じています。今，新聞の持つ影響力が減っていて，そのことを伝えるのが難しくなってきました。

●喜びを感じていること

　ニュースとしての価値があるのは，「大事なこと」×「みんなが知らないこと」だけなのです。食に関するそうした種を見つけ，発表することです。それを読んでくださった方が，喜んでくれることが何よりの喜びです。「書いてくれてありがと〜」「面白かった」。どんな小さな記事でも，この言葉を頂くことに勝る喜びはありません。

　食に関わる仕事は，漁師さんや栄養教諭の先生のように，皆さんがよく知っている人だけではなく，ものづくり関係や包装・印刷関係，医療関係や衛生管理，地域貢献，メディア関係などたくさんあり，食に関する課題解決に寄与することを考えている人が多くいます。この世の中は，食に関わる仕事にも支えられながら成り立っているのです。

◆自分でも，「食」に関わって働いている人にインタビューしてみよう。

職業や活動の概要	
仕事を通じて実現したい社会	
工夫していること	
困難を感じていること	
喜びを感じていること	
その他，自分自身が関心を持ったこと	
インタビューをしてみて思ったことをグループで話し合いましょう	

◆この教材で学習したことなど今まで学んだことをもとに、「仕事」（職や活動）につなげて振り返ったり
　想像したりして考えてみましょう。

食をめぐる 様々な問題	
現在の状況 （問題点）	
未来の状況 （改善した状態）	
過程 （改善のために必要 な仕事や仕組み）	

食をめぐる様々な問題の例

●「食料自給率」　●「人口と食料のバランス」　●「貧困・飢餓」　●「貿易構造」　●「食品ロス」　●「環境負荷」
●「自然環境の保全と農業」など

自分の考えをグループや全体で発表したり紹介したりしてみましょう。

製作協力　中学生用食育教材作成委員会（職名は令和 3 年 3 月現在　五十音順）

　　　　　座長　　森泉　哲也　　　新潟医療福祉大学教授

　　　　　　　　　足立　幸広　　　兵庫県丹波市立氷上中学校校長

　　　　　　　　　池島　千恵子　　静岡県浜松市立庄内中学校栄養教諭

　　　　　　　　　小野瀬　尋子　　茨城県大洗町立南中学校栄養教諭

　　　　　　　　　上村　礼子　　　東京都立富士高等学校・附属中学校副校長

　　　　　　　　　白鳥　友美子　　千葉県東金市立東金中学校栄養教諭

　　　　　　　　　鈴木　志保子　　神奈川県立保健福祉大学教授

　　　　　　　　　榛原　砂穂理　　山梨県総合教育センター主査・指導主事

　　　　　　　　　前島　光　　　　神奈川県横須賀市立追浜中学校校長

　　　　　　　　　桃﨑　剛寿　　　熊本県熊本市立京陵中学校校長

　　　　　監修　　服部　幸應　　　服部学園理事長

編　　集　文部科学省初等中等教育局健康教育・食育課

　　　　　三木　忠一　　　　初等中等教育局健康教育・食育課課長

　　　　　清久　利和　　　　初等中等教育局健康教育・食育課食育調査官

　　　　　齊藤　るみ　　　　初等中等教育局健康教育・食育課学校給食調査官

中学生用食育教材　「食」の探究と社会への広がり

令和 4 年 8 月 24 日　初版第 1 刷発行

著 作 権 所 有　　文部科学省

　　発 行 者　　細井裕美
　　発 行 所　　株式会社 健学社
　　　　　　　　〒 102-0071 千代田区富士見 1-5-8 大新京ビル
　　　　　　　　TEL (03) 3222-0557　FAX (03) 3262-2615
　　　　　　　　URL:http//www.kengaku.com

2022 Printed in Japan

ISBN:978-4-7797-0592-2 C3037 NDC 375 60p 210 × 297mm